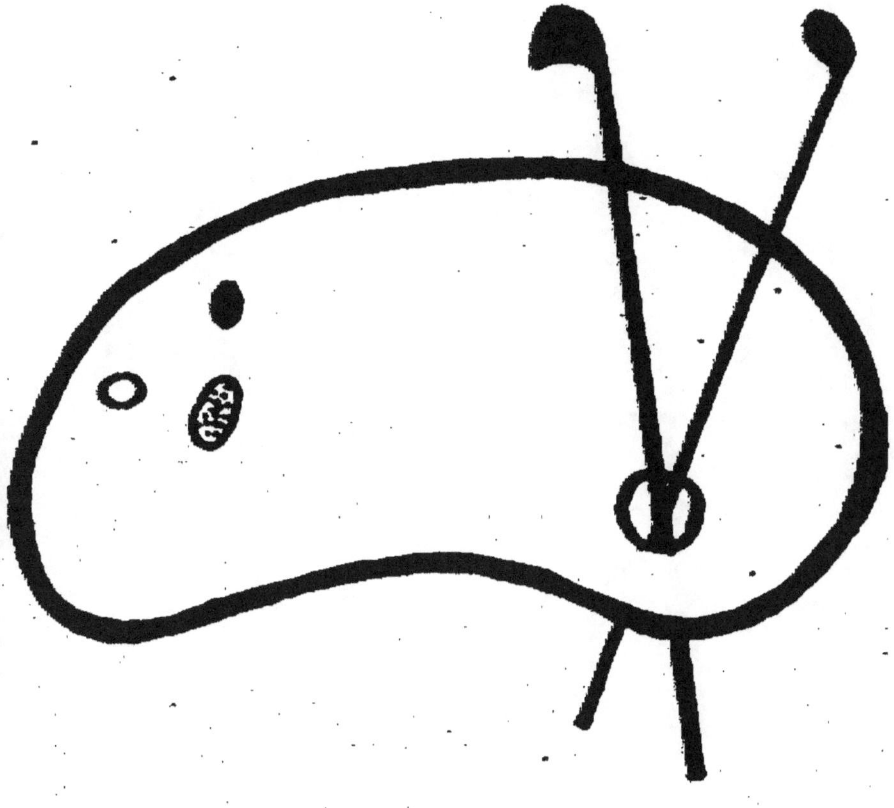

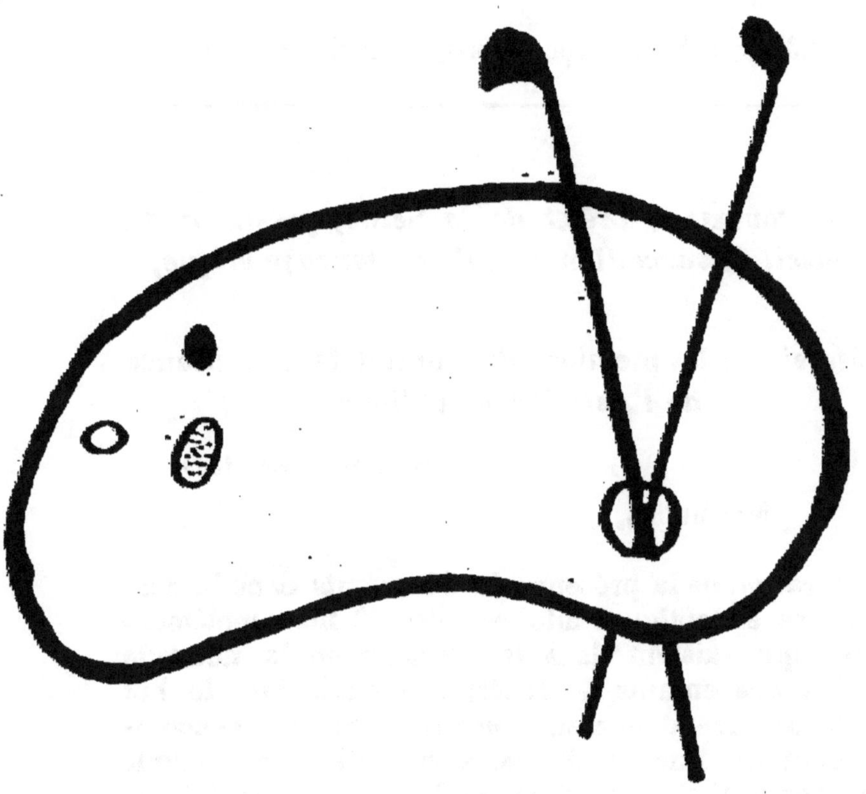

FIN D'UNE SERIE DE DOCUMENTS
EN COULEUR

DE L'ASSISTANCE DES ENFANTS DITS INCURABLES

(Idiots, imbéciles, épileptiques, paralytiques, etc.).

A M. Poubelle, *préfet de la Seine, président du Conseil de surveillance de l'Assistance publique,*

A Messieurs les membres du Conseil de surveillance de l'Assistance publique.

Paris, 16 février 1889.

Messieurs,

En raison de la présence de 66 enfants dans le service des épileptiques adultes ; des 20 lits supplémentaires qui existent dans les dortoirs de la nouvelle section des enfants de Bicêtre, et aussi dans le but d'atténuer les dangereux inconvénients de l'encombrement du Bureau d'admission de l'Asile clinique (Ste-Anne), M. Peyron, directeur de l'Assistance publique, vous a soumis le 24 janvier le dossier d'un projet consistant à terminer la section des enfants de Bicêtre, c'est-à-dire à construire les trois derniers pavillons.

Dans le but de justifier une fois de plus la nécessité de cette création, je me permets de mettre sous vos yeux les documents suivants relatifs à l'*assistance de ces malheureux enfants*, à *Paris*, *en France et* à *l'étranger*.

Veuillez agréer, Messieurs, l'assurance de ma considération la plus distinguée.

Bourneville.

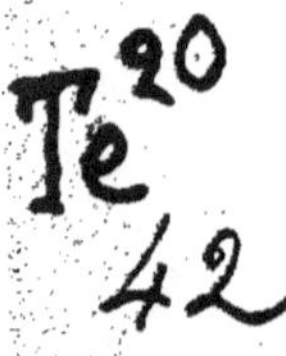

I.

Assistance des Enfants idiots et arriérés.

Au mois d'août 1887, M. Fallières, alors ministre de l'Intérieur, nous ayant fait l'honneur de venir visiter notre service, nous avons pensé que nous avions le devoir d'en profiter pour revenir de nouveau sur l'urgence de cette réforme. Dans ce but, nous avons fait coïncider avec cette visite la distribution des prix aux enfants idiots et épileptiques, ce qui nous a permis de lui exposer toutes les raisons qui militent en faveur de leur hospitalisation. Malgré sa longue étendue, nous allons reproduire la relation de cette visite, telle qu'elle a parue dans le *Progrès médical* (t. VI, p. 186) et les discours qui ont été prononcés à cette occasion.

Le mardi 23 août, M FALLIÈRES, Ministre de l'Intérieur, accompagné de M. Monod, directeur de l'Assistance publique au ministère de l'Intérieur, s'est rendu à Bicêtre, afin de visiter la nouvelle section consacrée aux enfants. Il a été reçu par M. Peyron, directeur de l'Assistance publique de Paris, M. Adancourt, économe, remplaçant le directeur de l'hospice et M. Bourneville, médecin du service. Parmi les notabilités présentes nous citerons : MM. Jacques, président du Conseil général de la Seine, Curé, Chassaing, conseillers municipaux, Lévêque, conseiller général, le Dr Reulos, conseiller d'arrondissement, MM. Vialla et Collinet, maire et adjoint de Gentilly, Emile Ferry, membre du Conseil de surveillance, Imard, inspecteur de l'Assistance publique, les Drs Delasiauve, Charpentier, Quesneville, Taule, Laboubée; MM. Mourlan et Vaillant, chefs de division, Gallois, architecte, et Guary, ingénieur de l'Assistance publique, M. Péphau, directeur des sourds-muets, Labouyerie, directeur des Incurables, etc.

M. Bourneville a d'abord conduit le Ministre au Musée pathologique : il a montré les photographies des malades prises à l'entrée ou quand il survient des changements soit en bien soit en mal, les moulages en plâtres faits après décès, l'album des cerveaux, les cahiers d'observations des malades décédés, les comptes rendus imprimés chaque année, etc. En se rendant de là à la section, M. Peyron a montré à M. le Ministre, la plaque commémorative, posée récemment en l'honneur de Pussin, sur l'ordre de M. Poubelle, préfet de la Seine. Ensuite M. Bourneville a fait visiter successivement : les ateliers, les réfectoires, la petite école comprenant la salle du traitement du gâtisme et des leçons de toilette, la petite gymnastique, la salle des leçons de choses, la salle de lecture, etc. ; la grande école, les bains, les dortoirs, les bâtiments des gâteux invalides, l'infirmerie et le pavillon des gâteux. En revenant, il a fait voir le bois et les jardins où il a tout organisé au point de vue de l'enseignement par les leçons de choses.

« Après cette visite, dit le *Gil Blas*, M. le Ministre a assisté dans la cour principale à des exercices de gymnastique exécutés avec beaucoup d'ensemble et de précision par les enfants. Il a été convié ensuite par M. Bourneville à présider la distribution des prix aux enfants. Quoique n'ayant pas été prévenu de cette solennité, M. FALLIÈRES a accepté de très bonne grâce l'offre du médecin de la section. La distribution a eu lieu dans la salle du gymnase élégamment décorée de drapeaux et d'écussons. »

M. PEYRON a ouvert la séance par l'allocution suivante :

Monsieur le Ministre,

Permettez-moi de vous exprimer ma plus profonde reconnaissance pour la grande sollicitude que vous avez témoignée à ces enfants, à leurs parents et à tout le personnel de la maison. Nous garderons un souvenir ineffaçable de cette visite ; ce sera pour nous tous, à tous les degrés, plus qu'un souvenir, un encouragement.

Espérons que vous-même n'oublierez pas votre passage à Bicêtre, et que des spectacles qui ont frappé vos yeux, il en est un que je voudrais voir fixé dans votre mémoire, c'est celui du dévouement merveilleux de ces femmes attentives, dévouées près de ces enfants, et souvent de quels enfants ! Encore un mot. C'est pour le Directeur de l'Assistance publique un grand honneur de saluer ici le représentant de la République qui l'a toujours honoré d'une bienveillance particulière et auquel je suis attaché depuis si longtemps par le respect et l'affection la plus sincère.

Ensuite M. FALLIÈRES a donné la parole à M. Bourneville, qui s'est exprimé en ces termes :

Monsieur le Ministre,

C'est de grand cœur que je vous remercie d'avoir réalisé aujourd'hui la promesse que vous m'avez faite au commencement de juillet de venir visiter la nouvelle section de Bicêtre consacrée aux Enfants arriérés et épileptiques.

Durant la longue visite que vous venez de faire, vous avez bien voulu écouter tous les détails que je vous ai donnés sur l'organisation et le fonctionnement très compliqué de ce service. Bien que ce soit peut-être beaucoup d'exigence de ma part et augmenter la fatigue de cette laborieuse journée, permettez-moi, avant qu'on ne procède à la distribution des prix dont vous avez accepté avec tant d'amabilité la présidence, de retenir encore pendant quelques instants votre attention et de soumettre à vous et à nos invités quelques considérations sur l'*assistance et le traitement des enfants* réunis sous vos yeux. Je le ferai aussi brièvement que possible.

Mesdames, Messieurs,

L'assistance de ces enfants remonte déjà loin. En effet, dès les premiers temps de l'Hôpital général, dont Bicêtre et la Salpêtrière composaient les deux principaux établissements, on avait hospitalisé un certain nombre d'entre eux. Depuis cette époque, on a continué à en recevoir une partie à Bicêtre, à la Salpêtrière et aussi à l'ancien hospice des Incurables de la rue de Sèvres. A part les essais généreux, mais sans résultat sérieux, de Itard (1801), de Félix Voisin et de Belhomme, on peut dire que, jusqu'en 1838, l'assistance se bornait à des soins tout à fait matériels.

C'est à l'un de nos compatriotes, Edouard SEGUIN, que l'humanité est redevable de la méthode de traitement et d'éducation des enfants déshérités sous le rapport de l'intelligence. Après avoir commencé l'application de sa méthode avec Itard, puis avec Esquirol (1), ensuite seul, soit dans son école de la rue Pigalle, soit à l'hospice des Incurables (1841), Seguin fut nommé à la suite d'un rapport d'Orfila au Conseil général des hospices, instituteur des Enfants de Bicêtre — auxquels furent ajoutés une vingtaine d'enfants de l'hospice des Incurables — par un arrêté préfectoral en date du 9 novembre 1842. Seguin prit possession de son poste le 27 novembre suivant et, ici même, dans des conditions déplorables, « placé entre des rivalités acharnées et au milieu d'impossibilités de toute nature (2) », il appliqua sa méthode jusqu'au 21 décembre 1843, époque où, à la suite de dénonciations infâmes, on lui imposa sa démission.

Déjà Seguin avait publié trois mémoires qui avaient attiré l'attention (1838, 1839, 1841). En 1842, le Dr Guggenbühl fondait pour les crétins un établissement-école sur l'Abendberg, en Suisse, et, vers la même époque, M. Saegert (de Berlin) qui s'occupait déjà de l'éducation des sourds-muets, étendait ses efforts à l'éducation

(1) *Résumé de ce que nous avons fait pendant 14 mois.* Esquirol et Seguin, 1838.

(2) Seguin. — *Trait., Hyg. et Educat. des idiots*, p. 324 ; Paris, 1846.

des enfants arriérés. Quatre ans plus tard, Seguin publiait son admirable livre intitulé : *Traitement moral, hygiène et éducation des idiots*. Alors se produisit — non pas en France, hélas! mais à l'étranger, un véritable mouvement pour l'amélioration de cette classe de malheureux déshérités (1). Une école fut créée à Leipzig ; Mrs. Plumbe, Conolly, Andrew, Reed, en Angleterre, témoins de ce que faisait Seguin, connaissant ses écrits, provoquèrent, par leur propagande, la création d'une petite école à Bath, puis à Highgate en 1848, ensuite à Colchester. En même temps, Wilbur fondait en Amérique le premier asile pour les faibles d'esprit, inspiré et guidé comme il l'a hautement reconnu lui-même, par les travaux de notre éminent compatriote, devenu plus tard son ami (2).

A partir de 1850, les institutions pour les enfants faibles d'esprit se sont considérablement multipliées à l'étranger. En 1877, on en comptait 13 dans la Grande-Bretagne, 28 en Allemagne, 4 en Suisse, 3 en Suède, 11 aux Etats-Unis (3). Depuis dix ans, le nombre de ces institutions a encore augmenté dans tous ces pays. Quant à nous, voici quelle était notre situation en 1874, d'après le rapport des inspecteurs généraux publié en 1877 : « Les seuls asiles qui aient des quartiers d'enfants, ont-ils écrit, sont, pour les garçons : Armentières, Bicêtre, Clermont (Oise), Fains, Maréville, Prémontré, Quatre-Mares, Saint-Alban ; — pour les filles : la Salpêtrière, et, pour les deux sexes : Evreux, Montdevergues, Montpellier (4). » Nous devons ajouter que, sauf à Bicêtre et à la Salpêtrière, le nombre des enfants hospitalisés dans chacun de ces prétendus quartiers d'enfants est assez restreint. Les inspecteurs citent, par exemple, l'asile de Fains. Eh bien ! l'an dernier, nous y avons vu 5 petites filles et 5 petits garçons, non pas isolés dans un quartier spécial, mais mêlés aux malades adultes. A Maréville, nous avons trouvé 14 idiots dans une petite salle, et, dans le quartier des femmes, une dizaine d'idiotes. Quant au traitement, qu'il s'agisse de Fains ou de Maréville, nous n'en dirons rien : il n'existe pas.

Il en est de même à l'asile de Clermont (Oise), ainsi que nous l'avons constaté, il y a quelques mois, avec nos amis Sigismond Lacroix et Bricon. Dans la plupart des asiles, on trouve quelques enfants mêlés aux adultes, au nombre de dix, quinze ou vingt pour les deux sexes (nous avons vu sept ou huit garçons et autant de filles à l'asile de Châlons-sur-Marne, au mois de septembre dernier). Les hôpitaux-hospices de province reçoivent aussi parfois quelques-uns de ces déshérités. Partout, d'ailleurs, soit dans les asiles, soit dans les hospices, on se borne à leur donner des soins matériels.

---

(1) Langdon Down. — *On some of the mental affections of childhood and Youth*. London, 1887, p. 3.
(2) In *Memory of Edouard Seguin*, p. 28.
(3) Ireland. — *On Idiocy and Imbecillity*. London, 1877.
(4) *Rapp., gén. sur le service des aliénés* en 1874, p. 92.

On ne se douterait certes pas, en présence d'une telle situation, qu'on est dans la patrie de l'homme qui a créé le traitement et l'éducation des idiots, — de l'homme dont l'enseignement est adopté dans la plupart des asiles-écoles d'Angleterre, d'Allemagne et des Etats-Unis. Tous ont leur origine directe ou indirecte, dans les travaux de Séguin, « le fondateur et le père de ce grand mouvement philanthropique, » pour employer les expressions du Dr George Brown (1). « Sans Séguin, ajoute-t-il, des milliers d'enfants seraient encore des idiots bavants, qui, maintenant, grâce à ses travaux, sont relevés à l'état d'homme et sont rendus heureux dans les asiles créés pour eux. »

On est en droit de s'étonner que des créations faites en aussi grand nombre à l'étranger n'aient pas excité l'Administration de notre pays, et, en particulier, l'Assistance publique de Paris. L'étonnement redouble lorsqu'on se souvient du mémoire si éloquent adressé en 1859 à cette Administration par notre vénéré maître, M. Delasiauve. Ses revendications persistantes n'ont abouti à aucun résultat : rien ne lui fut accordé. Ce n'est que depuis dix ans que la question de l'assistance et du traitement des enfants idiots a été reprise en France par le Conseil général de la Seine et le Conseil municipal de Paris. Des améliorations ont été introduites dans le quartier des enfants de la Salpêtrière ; la colonie annexe de l'asile de Vaucluse a été fondée ; enfin, on a construit une grande partie de la section de Bicêtre. C'est beaucoup, si l'on compare la situation actuelle au passé ; c'est encore peu, si l'on veut assurer une assistance complète à tous les enfants arriérés, paralytiques et épileptiques du département de la Seine.

Certaines personnes se sont étonnées de voir le Conseil municipal consacrer un crédit important (1.560.000 fr.), à la création dans cet hospice d'une section pour des enfants réputés incurables, et, à ce propos, on a même posé la question de savoir s'il était bien nécessaire d'*assister*, et surtout d'*hospitaliser* cette catégorie d'enfants. Cette question était naturelle dans la bouche de gens peu au courant des choses de l'Assistance et absolument ignorants des résultats remarquables qu'on est en droit d'attendre d'un traitement et d'une éducation appropriés.

Eh ! bien, lors même qu'il ne serait pas possible d'élever un grand nombre de ces malheureux enfants à la dignité d'homme, de leur donner une instruction suffisante, de leur apprendre un métier les mettant en mesure de gagner leur vie, il faudrait quand même les assister et l'assistance ne doit pas se limiter à telle ou telle catégorie, elle doit les embrasser toutes. Nombreuses sont les raisons que l'on peut invoquer à l'appui de cette opinion.

Il est un principe qui doit toujours guider en matière d'assistance : c'est qu'on doit assister les malheureux le plus près possible de leur domicile et toutes les fois que cela se peut, à domicile. A notre avis, conforme à celui de tous les hommes qui se sont

(1) *In Memory of Edouard Seguin*, p. 42.

occupés sérieusement de cette question et ont voulu substituer à l'aumône et à la charité une assistance vraiment républicaine, il ne faut recourir à l'hôpital ou à l'hospice, que si l'assistance à domicile ne peut pas être faite utilement. L'hospitalisation est indispensable quand le malheureux, par la nature de sa maladie ou de ses infirmités exige, pour être convenablement soigné, la présence constante de l'un des membres de la famille, lequel se trouve immobilisé et ne peut plus contribuer aux charges de la communauté. Tel est le cas des enfants désignés sous le terme générique d'incurables, comprenant surtout les *idiots*, les *imbéciles*, les *arriérés*, les *paralytiques*, les *épileptiques*, les *hystériques*, les *enfants* atteints de *perversion des instincts* ou de *folie morale*.

La présence de ces pauvres êtres dans la famille où, d'ailleurs ils ne peuvent recevoir aucune instruction, ni suivre aucun traitement efficace, est une source de graves inconvénients, engendrant une situation morale des plus pénibles et occasionnant une lourde charge.

Il est commun d'observer de ces enfants qui dès les premiers jours de leur naissance, poussent presque sans arrêts et surtout la nuit des cris aigus, empêchant père, mère, frères et sœurs de reposer. Et cependant, le lendemain il faut que le père retourne à son travail, que la mère vaque aux soins du ménage!

Ce n'est pas tout. Les voisins se plaignent, de là des querelles qui aboutissent généralement à un congé, aux embarras et aux dépenses d'un déménagement. Il y a ici des parents qui, pour des cas semblables, ont été dans l'obligation de déménager, une fois deux fois chaque année, jusqu'à l'admission de leurs enfants à Bicêtre ou à la Salpêtrière.

Sans vouloir exagérer l'importance des *impressions maternelles* durant la *grossesse*, il est certain que la vue constante de ces enfants difformes, sous le rapport physique et intellectuel, peut, parfois, avoir une action sur le produit d'une nouvelle conception. Dans tous les cas, il est une autre influence qui, elle, est incontestable : c'est l'influence exercée par l'aspect de ces enfants sur leurs frères et sœurs. Voici, à l'appui, ce que nous disait tout récemment la mère d'un petit idiot : « Nous avons deux jumeaux âgés de 19 mois qui commencent à prendre ses manières, à se balancer, à se cogner la tête comme lui. Sans cela, ajoutait-elle, si je ne craignais pour les deux derniers, je le garderais à la maison. »

A côté de ces enfants idiots au dernier degré, il en est un grand nombre d'autres, imbéciles ou arriérés, qu'on ne peut garder dans les écoles de la ville, parce qu'ils sont incapables de suivre les exercices des autres enfants et que leurs tics, leur insuffisance mentale rendent la risée de leurs camarades qui souvent même les brutalisent; ou bien ils troublent la classe par leur instabilité, leur besoin de mouvement, leurs contorsions, leurs crises convulsives; on les punit, on les met dans un coin, dans la cour : ils prennent l'école en dégoût, deviennent irritables et les maitres sont obligés de les congédier définitivement. Beaucoup vagabondent ou se sauvent sans motif de la maison paternelle, servent d'instruments à de plus habiles, qui les poussent à des actes repréhensibles. On les arrête, parfois on les condamne. Ces fugues, ces arrestations, ces condamnations, sont une cause permanente de démarches, de pertes de temps, d'inquiétudes et de douleurs pour les familles.

Puis, viennent des enfants, plus ou moins débiles au point de vue intellectuel, quelquefois même bien doués sous ce rapport, mais atteints de perversion des instincts : voleurs, menteurs, onanistes, pédérastes, incendiaires, destructeurs, homicides, empoisonneurs, etc. Nous avons reçu récemment un enfant âgé de 9 ans, dont les parents ont dû réclamer d'urgence l'admission, parce qu'il avait l'idée fixe de « saigner sa petite sœur. » Les garçons se livrent soit sur leurs sœurs, soit sur les petites filles du voisinage, à des pratiques déplorables. Les petites filles de cette catégorie attirent les garçons, pervertissent leurs compagnes, servent à assouvir les désirs de gens sans scrupules. Sont-elles pubères, elles deviennent enceintes, produisent des enfants que la société doit nécessairement assister après avoir refusé de protéger et d'aider la mère, qu'on se décide tardivement à interner, à un âge où toute chance d'amendement a; sinon tout à fait disparu, au moins grandement diminué.

Enfin, nous citerons les enfants affectés de maladies convulsives : l'hystérie et l'épilepsie. Lorsque les crises sont rares, les instituteurs conservent ces enfants ; mais la plupart, et avec raison, les refusent; ils sont alors plus ou moins abandonnés dans la rue. S'ils ont 12, 13, 14 ans ou au-dessus, les parents essaient de les mettre en apprentissage : dès qu'une crise est constatée, l'enfant est congédié. Et de nouveaux essais aboutissent aux mêmes échecs. Il importe aussi de se souvenir que si les convulsions n'ont en somme de conséquences graves que pour les malades, elles sont souvent précédées ou suivies de troubles intellectuels, d'impulsions les poussant à des tentatives de suicide ou d'homicide qui les rendent très dangereux pour la sécurité publique.

Nous pourrions rapporter de nombreux faits et en citer d'exceptionnellement graves, recueillis par nous soit à Paris, soit en province; nous pourrions relever ceux qu'enregistrent à chaque instant les journaux politiques. Nous nous bornerons à citer l'expérience et l'opinon de M. Delasiauve : « J'ai, dit-il, durant huit ans, exercé en province. Dans l'étroit cercle de quelques communes, je n'ai pas rencontré moins d'une dizaine des parias dont il s'agit. Tous vaguaient dans les rues ou les champs, sans que les parents en eussent cure. Deux idiotes, à ma connaissance, devinrent enceintes. Une troisième, soupçonnée de l'être, succomba en six heures à des symptômes que, tacitement, j'attribuai à des substances abortives. Parmi les hommes, trois frayaient dans les églises, attirés par le chant et le bruit des cloches. L'un d'eux accompagnait aussi les convois, s'apitoyant ou larmoyant avec les parents qui pleuraient. Un quatrième tua d'un coup de fourche un de ses voisins ; un cinquième alluma deux incendies. Des gamins qui se plaisent à agacer ces pauvres êtres, sont souvent victimes de leurs imprudentes taquineries. »

Toutes ces raisons nous paraissent démontrer d'une façon irréfutable, la nécessité de l'assistance des enfants dont nous venons de parler. Il s'agit là d'une grosse question, car leur nombre peut être évalué à environ 40,000 pour toute la France (1). Qu'y a-t-il à faire ?... Nous allons le dire tout à l'heure.

Mes enfants,

Vous profitez des sacrifices faits pour vous par la ville de Paris, par le Conseil municipal, à qui vous devez votre bien-être, votre instruction primaire et professionnelle, par l'Administration de l'Assistance publique qui, depuis qu'elle est dirigée par M. Peyron, s'intéresse sérieusement à vous. Il faut encore faire davantage ; il faut que vous suiviez toujours nos conseils, que vous écoutiez attentivement les leçons de vos maîtres et de vos maîtresses, à l'atelier, aussi bien qu'à l'école ; il faut vous montrer bons et secourables les uns envers les autres ; il faut résist[illegible] vos impulsions et corriger vos mauvaises habitudes. Si vous faites cela, chaque année, nous rendrons à la Société un nombre de plus en plus grand de jeunes gens instruits, bons ouvriers, capables de gagner leur vie par le travail ; chaque année aussi, nous pourrons faire passer un plus grand nombre d'entre vous, qui ne peuvent, à cause de leurs infirmités physiques, être envoyés au dehors, dans les divisions de l'hospice, où ils jouiront d'une liberté relative et pourront s'occuper utilement dans les ateliers des adultes, diminuant ainsi, dans une proportion variable, les charges que s'impose l'Assistance pour eux.

En travaillant bien, en nous fournissant de meilleurs résultats, vous rendrez encore un plus grand service. En voyant vos progrès, en constatant que, par un traitement, une hygiène et une éducation méthodiques, il est possible d'améliorer presque tous les enfants atteints de maladies nerveuses, d'en guérir complètement un certain nombre, vous donnerez aux médecins et aux administrateurs qui viennent ici et auxquels je fais visiter minutieusement votre service, quelque fatigue et quelque temps qu'il m'en coûtent, vous leur donnerez, disons-nous, des arguments puissants pour défendre dans leur pays la cause des malheureux enfants frappés comme vous dans leur intelligence. Et aujourd'hui, à moi-même, vous m'avez permis de plaider efficacement, je l'espère, auprès de M. le Ministre de l'intérieur, la cause de tous les enfants arriérés, convulsifs ou réputés incurables, disséminés dans tous les départements.

Puisse ce que M. le Ministre a vu aujourd'hui à Bicêtre lui inspirer l'idée d'organiser dans toute la France, l'Assistance publique pour ces enfants, d'en faire une obligation légale et de créer des *asiles départementaux* ou *inter-départementaux*, semblables à votre section. En le faisant, il accomplirait une réforme sociale qui ferait honneur à lui et à la République !

---

(1) Dans leur rapport de 1877, les inspecteurs généraux évaluaient le chiffre à 36.000.

M. le Ministre a prononcé le discours suivant :

« Mes enfants, mesdames, messieurs,

« Je ne m'attendais pas à l'honneur de me trouver devant une si nombreuse société et de présider à cette distribution de prix. J'en voudrais presque à M. le Dr Bourneville de m'avoir ménagé cette trahison, si je n'avais pas tant à m'en féliciter. Il nous disait, en terminant sa brillante allocution, que le gouvernement de la République devait se préoccuper plus que tout autre du sort des déshérités, qu'il se fait un devoir et un honneur d'aller aux petits et aux humbles et d'essayer par ses efforts constants, d'en faire sinon des citoyens actifs, du moins des hommes utiles. Il m'est déjà arrivé de présider des distributions de prix ; mais dans aucune je n'ai ressenti une émotion aussi vive que celle que je ressens en ce moment et dont je veux vous faire part.

« Je viens de visiter, dans tous les détails, ce bel établissement, qui fait honneur à tous : A M. le Dr Bourneville, qui en a conçu la pensée et surveillé l'exécution ; à la ville de Paris, dont les représentants ont dépensé presque sans compter, à l'Assistance publique et à l'architecte, auquel j'adressais tout à l'heure mes félicitations, et à qui je tiens à les renouveler publiquement.

« Lorsque j'ai parcouru ces salles avec M. le Dr Bourneville, avec M. le directeur général, avec M. le directeur de Bicêtre et avec tous ceux qui vous sont attachés, je m'étais promis de vous dire, en vous quittant, ma satisfaction, et j'oserai même ajouter mon admiration, et combien il m'est doux d'adresser des félicitations sincères à tous ceux qui concourent à l'éclat de ce magnifique établissement, au directeur, aux instituteurs, au professeur de gymnastique, à vos surveillantes laïques, femmes modestes dont le dévouement est à la hauteur de la mission qu'on veut bien leur confier.

« Une des sollicitudes de chaque jour du gouvernement est de se demander si cette assistance, qui date de 1789, a été suffisamment développée. Pour cela, il faut un effort, et cet effort nous le demanderons aux départements, aux conseils généraux, aux préfets, aux municipalités, persuadé que lorsque nous aurons réussi, sinon tout à fait, du moins en partie, nous aurons fait une œuvre républicaine, œuvre sociale, l'œuvre que vous faites ici, Monsieur le Dr Bourneville, en consacrant ce que vous avez de mieux, votre dévouement, le meilleur de votre temps, comme ces internes dont vous me faisiez l'éloge tout à l'heure, en me disant : c'est le dévouement même.

« Je vois ici des prix, et si, comme je vous l'ai dit, M. Bourneville ne m'avait pas trahi, j'aurais apporté les miens ; mais je les enverrai demain (1) et je vous prierai, monsieur le directeur, de vouloir bien les donner dans chaque division à ceux que vous considérez comme les plus méritants.

« Je n'oublierai pas ce que j'ai vu aujourd'hui, et j'en ferai mon profit, comme homme, comme père de famille, comme citoyen, comme ministre d'un gouvernement qui doit tendre la main aux pauvres, aux humbles, à ceux qui souffrent, à quiconque a le droit d'avoir une place au soleil. »

Ce discours a été accueilli par d'unanimes applaudissements. L'un des enfants, Ygonel, qui a remporté le prix d'honneur, est alors monté sur l'estrade et a lu, au nom de tous ses camarades, le compliment suivant qui, « par la délicatesse touchante de sa forme, a vivement ému tous les assistants. »

Monsieur le Ministre,

En me donnant par leurs suffrages le prix d'honneur de l'école, mes camarades m'ont choisi pour venir saluer au milieu d'eux celu qui n'a pas craint de se soustraire un moment aux durs labeurs de ses hautes fonctions, et de venir assister à notre petite fête. Laissez-moi donc, Monsieur le Ministre, au nom de tous mes amis, vous souhaiter la bienvenue et vous remercier de nous avoir témoigné par votre visite le bienveillant intérêt que vous nous portez. Cette marque de sympathie nous est d'autant plus sensible, que, plus que tout autre, nous avons besoin de sentir qu'on ne nous oublie pas, et que, si notre mal nous isole pour un temps de la société, la société ne nous a pas abandonnés.

Du reste, que nous manque-t-il ici, et qu'avons-nous à envier aux enfants du dehors ? Grâce aux soins infatigables de M. le Dr Bourneville, le temps que nous passons à Bicêtre est loin d'être perdu : on nous apprend un métier, qui plus tard nous permettra de vivre, on fait ou on continue notre éducation et notre instruction ; on nous conduit à toutes les fêtes avoisinantes, et les grands jardins de Paris nous voyent souvent dans leurs bosquets.

Aussi, Monsieur le Ministre, ne soyez pas jaloux, si je me tourne un moment vers M. le Dr Bourneville, pour le remercier aujourd'hui publiquement de tout le bien qu'il nous fait. Grâce à lui, beaucoup d'entre nous pourront un jour quitter Bicêtre et reprendre leur rang dans la société. Nous serions des ingrats si nous oublions dans nos témoignages de reconnaissance, M. le Directeur général, dont la constante sollicitude augmente tous les ans et nous fait trouver moins long le séjour dans cet établissement hospitalier.

---

(1) M. le Ministre a tenu sa promesse et, dès le lendemain, il a envoyé quatre beaux volumes qui ont été remis aux enfants les plus méritants par M. Imard, inspecteur, le mardi 30 août.

Merci encore une fois, Monsieur le Ministre, merci au nom de mes camarades de l'honneur que vous nous avez fait; merci au nom de tous nos parents.

M. Fallières a répondu ainsi qu'il suit :

Mes enfants,

« C'est avec plaisir que je vois que les leçons qu'on vous donne ici ne sont pas perdues. Le meilleur moyen de prouver votre reconnaissance, c'est de répéter les paroles que votre camarade vient de prononcer. Ne soyez pas jaloux, disait-il en se tournant vers M. Bourneville: non, je ne suis pas jaloux, je suis heureux au contraire de m'associer à ce témoignage de reconnaissance en affirmant que nous avons à faire, non pas seulement à un homme de cœur, serviable, mais à un homme de mérite, véritable bienfaiteur de l'humanité, et, avant de quitter cette enceinte, je tiens une seconde fois, M. le Docteur, à vous témoigner ma reconnaissance. »

Il a été ensuite procédé à la distribution des récompenses. Puis, avant de clore la séance, M. Jacques, qui avait pris au fauteuil de la présidence la place de M. Fallières, obligé de se retirer avant la fin, a prononcé les paroles suivantes :

Mes enfants,

Je profite de l'occasion qui m'a placé au fauteuil de la présidence de cette fête pour me donner la parole... Rassurez-vous, je n'ai pas préparé de discours ; mais je ne puis lever brusquement la séance sans prendre acte des éloges adressés au Conseil général de la Seine et sans remercier les orateurs qui se sont si cordialement exprimés à son égard... Eh bien! sans fausse modestie, je déclare que le Conseil général a vraiment mérité l'hommage qu'on lui a rendu ; mais je tiens à ajouter que dans les réformes accomplies dans l'Assistance publique, que dans l'œuvre admirable qui s'est réalisée ici, M. Bourneville, mon ancien collègue, a joué un rôle prépondérant, et a droit par conséquent à une grande part d'honneur.....

Il est certaines améliorations, Messieurs, qui sont longues à se produire, parce qu'il faut deux choses à un homme d'initiative pour les faire aboutir devant une assemblée délibérante : être reconnu comme très compétent sur la matière toute spéciale qu'il traite et savoir par son caractère inspirer à tous une confiance absolue.

Un état de choses lamentable subsistait à Bicêtre, comme il subsiste encore ailleurs : Bourneville est élu conseiller, il fait connaître l'étendue du mal, il déclare qu'on peut y remédier et le Conseil général et le Conseil municipal, animés d'un même sentiment démocratique, s'émeuvent et n'hésitent pas à consentir les sacrifices d'argent qu'il faut faire : la cause était gagnée et la période réformatrice s'est ouverte.....

Eh bien ! Messieurs, un jour j'ai craint de voir la marche progressive vers l'état de choses merveilleux que vous venez de constater, se ralentir ; c'est au moment où les électeurs ont envoyé Bourneville à la Chambre des députés. Fort heureusement, il n'en a rien été et je tiens à bien le féliciter et à bien le remercier. C'est un grand exemple à retenir : Bourneville a assez donné à la politique pour être un excellent mandataire, mais il n'a pas cessé de se consacrer à l'une de ses œuvres de prédilection et il est demeuré le savant médecin et l'excellent philanthrope dont je m'honorerai toujours d'avoir été le collègue !

Il est un homme dont je dois associer le nom à Bourneville, c'est celui du Dr Robinet, que je ne cesserai de regretter. Robinet a continué avec le concours de plusieurs collègues de faire progresser les questions d'Assistance. Et pour que les résultats obtenus par le Conseil municipal portent des fruits, je me permets d'exprimer le vœu que les Conseils généraux envoient des délégués visiter Bicêtre. S'ils le font, je suis convaincu que le spectacle auquel ils assisteront produira la conviction dans les esprits même prévenus et que bientôt la question de l'assistance des enfants arriérés sera résolue dans toute la France.

Je termine, mes enfants, en vous engageant à vous montrer très reconnaissants envers tous ceux qui coopèrent à faire de vous, non pas des hommes brillants, mais des hommes utiles dont une république démocratique doit avoir à cœur d'augmenter le nombre.

Ces bonnes paroles ont été accueillies par les applaudissements de tout l'auditoire. La séance a été levée et au moment où les assistants se sont retirés, les enfants ont entonné la *Marseillaise* avec beaucoup d'entrain.

II.

De l'assistance des enfants idiots à l'étranger.

Ainsi que nous l'avons dit souvent, l'*assistance*, le *traitement* et l'*éducation des enfants idiots et arriérés* sont en voie de grands progrès dans presque tous les pays, sauf en France où, jusqu'ici, on ne parait pas se rendre compte de l'urgence de ces réformes et des résultats qu'elles peuvent donner. C'est

pour cela que nous allons donner de nouveaux renseignements susceptibles d'apporter la conviction dans les esprits qui n'ont d'autre souci que le bien public et l'intérêt des malheureux.

D'après les documents communiqués à la 5e session de la Conférence allemande relative à l'assistance des idiots, il existait en Allemagne 36 établissements donnant l'assistance et l'éducation à 4.247 idiots. Nous devons signaler aussi l'existence, dans un certain nombre de villes, de *classes destinées aux arriérés*. Ces enfants qui, dans les écoles ordinaires, étaient laissés de côté, tournés en dérision, ne faisaient aucun progrès, parce qu'on ne s'occupait pas d'eux, et, finalement, devenaient des non-valeurs, se trouvent très bien de ces classes à part et tirent un grand profit de l'enseignement spécial qui leur est donné.

Tous les ans, dans les pays scandinaves, il y a un congrès où l'on discute toutes les questions relatives à l'assistance et au traitement de ces malheureux. D'après le compte rendu du Congrès du 18 mars 1887, on a fondé deux nouveaux asiles d'idiots à Hessleholm et à Karbshanm, et un autre était projeté à Falun.

En 1886, on a ouvert un asile d'idiots incurables épileptiques âgés, à Sœckerstad. — La *Société pour les enfants arriérés* de Stockholm estime que les grands établissements conviennent aux idiots et arriérés d'un certain âge et que les petits établissements sont plus convenables pour les jeunes idiots. En Suède, il existe des asiles-écoles pour les idiots : à Stockholm (35 places); dans l'arrondissement de Stockholm (22); à Upsala (16); dans le Sœdermanland (8); dans l'Œstergœtland (24); dans le Smälund (24); dans le Blekinge (12); à Khristianstad (36); à Malmœhut (45); à Johannesberg (40); à Œrebro (20); à Gefle (20).

A Copenhague, l'institution fondée par J. Keller en 1865 a reçu 459 enfants idiots, faibles d'esprit ou épileptiques durant l'année 1887.

D'après Mme Matrat, inspectrice générale des écoles maternelles, qui a visité les pays scandinaves en 1888, il y aurait actuellement, en Suède, 17 établissements pour l'éducation des idiots. Tous, sauf un, sont dirigés par des femmes.

En Norwége, la loi de 1881 rend obligatoire l'enseignement pour ceux des idiots de sept à vingt ans qui sont aptes à le recevoir. Mme Matrat cite l'Ecole des filles idiotes à Thorsang, faubourg de Christiania, fondée en 1876 et qui compte 135 élèves. Elle ajoute que « la Norwége a une école semblable pour les garçons et un autre grand établissement à Trondghen;

la quatrième et dernière école sera ouverte dans un an » (1).

Au dernier *Congrès des médecins aliénistes russes*, qui s'est tenu à Moscou, M. Maliarewski a fait une communication sur l'éducation et la protection des enfants arriérés ; il montre que pour remédier aux dégénérescences dont sont atteints ces malades, il était nécessaire d'instituer des maisons médico-pédagogiques spéciales. Il a rappelé que, le premier en Russie, il avait fondé un établissement de ce genre, il y a quelques années, à Saint-Pétershourg (2).

Nous avons donné autrefois les renseignements sur les nombreux asiles pour les idiots et les faibles d'esprit qui existent en Angleterre et aux Etats-Unis. En ce qui concerne ce dernier pays les *Proceedings of the Association of medical Officers of american. Institutions for Idiotic and feeble-minded Persons* (1876-1886) renferment des plans, des mémoires et des documents de toute sorte qui devraient être connus de tous ceux qui s'occupent d'Assistance publique. D'autre part, l'*Annuaire Médical* des Etats-Unis renferme les indications suivantes sur les établissements des enfants idiots et faibles d'esprit aux Etats-Unis :

Californie : Institution privée sous le patronage de l'Etat, 25 lits, fondée en 1884 à Vallejo ; — *Connecticut* : Institution privée sous le patronage de l'Etat, 102 lits, fondée en 1858, à *Lakeville* ; — Autre institution fondée en 1881, à Meriden ; — *Illinois :* Institution d'Etat, 300 lits, fondée en 1865, à Lincoln : — *Indiana* : Institution d'Etat, 82 lits, fondée en 1878, à Knighstown ; *Forwa* : Asile d'Etat, 215 lits, fondé en 1870, à Gleenwood. — *Kansas :* Asile d'Etat, 160 lits, fondé en 1860 à Frankfort.— *Massasuchetts* : Institution privée, fondée en 1868 à Fayville ; — Asile d'Etat, 140 lits, fondé en 1848 à South-Boston ; —*Michigan* : Institution privée fondée en 1884 à Kalamazoo. — *Minnesota* : Institution d'Etat fondée en 1879 à Faribault. — New-York (Etat de) : Asile d'Etat fondé à Giddes ; — Autre asile d'Etat fondé en 1878 à Nwark ; — Hôpital pour les idiots et les épileptiques à New-York ; — Autre institution, 200 lits, fondée en 1860 à New-York. — Institution privée du Dr Seguin, 11 lits, fondée en 1880, à New-York. — *Ohio* : Asile d'Etat, 560 lits, fondée en 1857 auprès de Collimbus. — *Pensylvanie :* Institution privée, 405 lits, fondée en 1863, à Elwyn.

---

(1) Voir *L'éducation des enfants anormaux dans les pays scandinaves*, par Mme Matrat (*Revue pédagogique*, nov. 1888, p. 425).

(2) *Arch. de Neurologie*, 1887, tome XIV, p. 302.

En Ecosse, il existe trois institutions pour les enfants imbéciles, l'une à Baldovan, l'autre à Larbert, la dernière à Columbia-Lodge, près d'Edimbourg. Nous citerons, en Irlande, la Stewart Institution; en Angleterre et dans le pays de Galles, il existe une dizaine d'établissements parmi lesquels nous citerons l'asile modèle de Earslwood qui renferme 594 enfants des deux sexes.

Si l'on compare la situation de notre pays à celle des pays scandinaves, de l'Angleterre, des États-Unis, de l'Allemagne, on est obligé de reconnaitre que la France est demeurée bien en arrière de tous ces pays (1), et cependant c'est à un Français, à Edouard Seguin, que revient l'honneur d'avoir organisé le traitement et l'éducation des enfants idiots et arriérés, et c'est lui qui est le véritable promoteur de cette grande réforme. Le département de la Seine est à peu près le seul qui ait commencé à organiser les services spéciaux pour les enfants idiots. L'un d'eux relève directement de la Préfecture de la Seine; les deux autres de l'Assistance publique. Ce serait un honneur pour cette dernière administration, si, en attendant la transformation et l'agrandissement de la section des petites filles de la Salpêtrière, elle hâtait l'achèvement de la section des enfants de Bicêtre, et la montrait en plein fonctionnement au moment du Congrès international d'Assistance publique qui doit avoir lieu au mois d'août prochain à l'occasion de l'Exposition universelle. (*Progrès médical*, 15 février 1889, p. 132). B.

PARIS. — IMP. V. GOUPY ET JOURDAN, RUE DE RENNES 71.

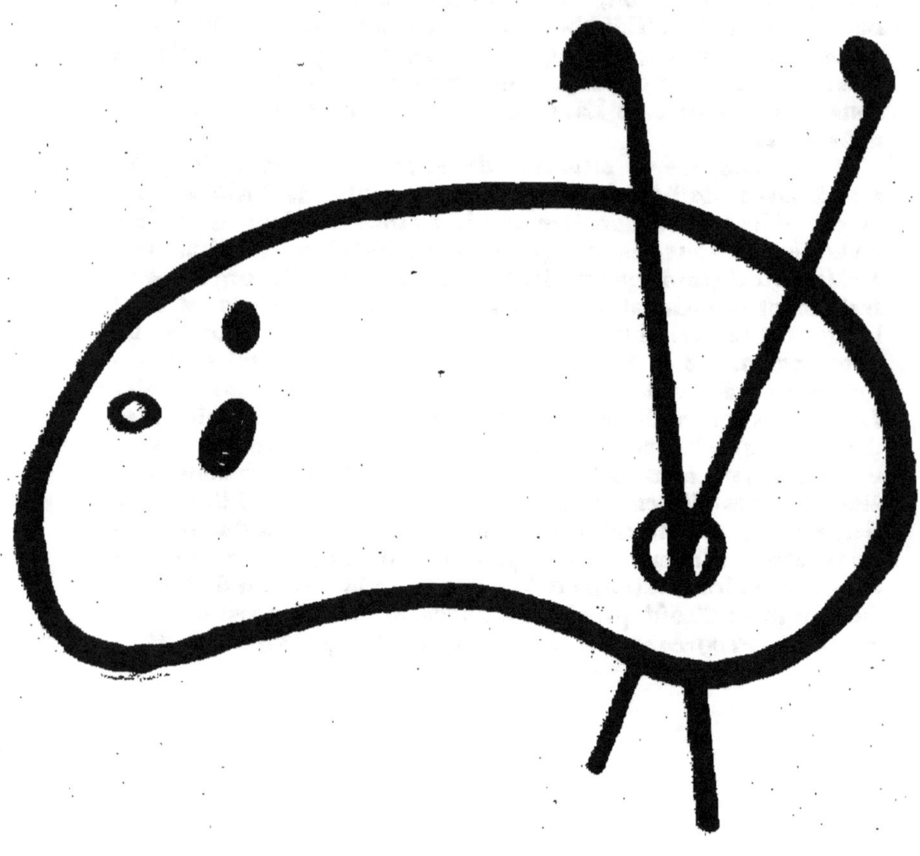

www.ingramcontent.com/pod-product-compliance
Lightning Source LLC
LaVergne TN
LVHW020452230826
846091LV00008BA/3164
* 9 7 8 2 0 1 6 1 6 0 8 5 5 *